Un voleur à la fête

Une histoire écrite par Claire Clément
illustrée par Nicole Claveloux

LES BELLES HISTOIRES
BAYARD POCHE

Voilà Mister Bonflair. Il vit tranquille dans la forêt ; enfin, presque tranquille, parce qu'on vient le déranger chaque fois qu'il faut mener une enquête*.
Son vrai nom, c'est Achille Duchoux. Mais, chut ! c'est un secret... parce que ça n'est pas un nom sérieux pour un grand détective !
C'est pourquoi il a choisi de s'appeler Mister Bonflair.

* Ce mot est expliqué page 30, n° 1.

Voici tous les personnages de l'histoire.

Il y a Jojo la taupe : elle habite près de chez Bébert. Elle a peur du noir.

Il y a Bébert le sanglier : il adore chanter en écoutant son baladeur.

Il y a Jean le hérisson : un père qui vit seul avec ses trois enfants.

Il y a Dédé le lièvre :
il a de belles oreilles
et il en est fier.

Il y a Lolotte :
elle est coiffeuse
et amoureuse
de Dédé.

Il y a Mister Bonflair : un vieux chien,
très futé, qui aime les mystères.

Ce soir, Bébert le sanglier va faire une grande fête.
Il a invité Jean le hérisson, Jojo la taupe,
Dédé le lièvre, et il veut inviter Lolotte aussi,
mais Lolotte est à son travail.
Alors Bébert lui laisse un mot sur sa porte,
puis il repart en braillant à tue-tête*,
avec son baladeur sur les oreilles :
One two three, j'ai des saucisses, dans ma marmite,
mais ce que je préfère, c'est ma petite nana,
la belle Loudwina, Loulou, Loulou, Loudwinaaa...
Il arrive chez lui juste à temps...
avant la pluie !

* Ce mot est expliqué page 30, n° 2.

Quand vient le soir, qui arrive la première à la fête ?
C'est Jojo, avec sa jupe à volants qui tourne.
Puis voilà Jean le hérisson, Dédé le lièvre,
... et la fête commence.

Dédé danse en faisant bouger ses oreilles,
ce qui fait beaucoup rire Jean.
Bébert chante, Jojo virevolte*,
quand soudain...

* Ce mot est expliqué page 31, n° 3.

La lumière s'éteint.

Jojo se met à hurler : – Bébert, j'ai... peuuuuuur !

Bébert la rassure :

– Ne t'inquiète pas, Jojo, je suis là !

Mais Jojo hurle encore plus fort :
– Bébeeeerrrrt ! Rallume, dépêche-toi ! J'ai peuuur !
Bébert tâtonne* dans le noir,
enfin il trouve l'interrupteur*.

* Ces mots sont expliqués page 31, n° 4 et n° 5.

Et il rallume.
Tout le monde se remet à danser, sauf Bébert :
son baladeur a disparu !
Il ne dit rien pour ne pas gâcher la soirée.

Mais une idée trotte dans sa tête :
« Quelqu'un a volé mon baladeur,
et ce quelqu'un est là, tout près,
et c'est forcément un de mes amis ! »

Le lendemain, Bébert va voir Mister Bonflair.
Il lui raconte comment son baladeur a disparu.
– Bizarre... bizarre..., dit Mister Bonflair.
Tu avais trois invités. C'est sûrement l'un d'eux, le voleur ! Commençons par Dédé !
Mister Bonflair et Bébert regardent par un petit trou ce qui se passe dans la maison de Dédé.
Lolotte est là, qui peigne les oreilles de Dédé.
– Tu as vraiment de belles oreilles, tu sais, dit-elle.
– Oui, répond Dédé, fier de lui. C'est de famille !
Mon père avait les mêmes... moins longues peut-être...
– Pourquoi tu ne mets jamais de casquette ?
dit encore Lolotte. Ça t'irait bien...
Mais Dédé s'exclame :
– Ah non ! Je ne supporte pas d'avoir quelque chose sur les oreilles. Ça me gêne !
En entendant ça, Mister Bonflair se tourne vers Bébert :
– Ça ne peut pas être lui. Tu devines pourquoi ?

Non, Bébert ne devine pas.
Mister Bonflair continue :
– Si Dédé ne supporte rien sur les oreilles, il ne mettra jamais un baladeur dessus !
Quand Dédé sort de chez lui,
Bébert lui raconte tout. Dédé est stupéfait.
– Bizarre... bizarre..., dit Mister Bonflair.
Bon, alors, c'est soit Jean, soit Jojo.
Allons voir Jean ! Jean est dans la clairière.
Mister Bonflair s'approche :
– Salut, Jean ! Qu'est-ce que tu fais là ?
Jean répond : – Je surveille mes garnements, et j'écoute le chant des oiseaux.
C'est tellement beau !
Mister Bonflair réfléchit :
– Tu pourrais même les écouter dans ton lit !
Il suffit de les enregistrer sur un baladeur...
Jean lève les yeux au ciel :
– Ah oui ? Et mes petits, s'ils m'appellent, tu crois que je les entendrai ?
Mister Bonflair se tourne vers Bébert et Dédé :
– Ça ne peut pas être lui. Vous devinez pourquoi ?

Non, Bébert et Dédé ne devinent pas.
Mister Bonflair continue :
– Parce que, avec un baladeur sur les oreilles, il ne peut pas surveiller correctement ses enfants.
Alors, Bébert raconte tout à Jean.
Jean n'en croit pas ses oreilles.
– Bizarre..., dit Mister Bonflair, très bizarre...
Bon, il reste Jojo !
Justement, Jojo apparaît au bout du sentier.
Elle chante :
One two three, j'ai des saucisses dans ma marmite...

Mister Bonflair s'arrête net :
– Comment tu la connais, cette chanson ?
Elle était sur le baladeur qu'on a volé à Bébert !
Jojo les regarde chacun leur tour et elle explose :
– Alors là, j'y crois pas ! Vous me traitez de voleuse !
Ta chanson, Bébert, tu la hurles tous les matins,
et tu oublies que j'habite près de chez toi !
Alors, à force, je la connais par cœur !
Soudain, Mister Bonflair se frappe le front :
– J'y pense, pendant la fête, le voleur a éteint
la lumière. Alors, ça ne peut pas être Jojo.
Vous devinez pourquoi ?

Cette fois, Bébert a deviné :
– Parce que Jojo a peur du noir !
Mister Bonflair le félicite :
– Bravo, Bébert !
Mais... c'est de plus en plus bizarre...
Car, enfin, qui a pu entrer chez Bébert,
éteindre la lumière, prendre le baladeur
et repartir sans laisser de trace ?
À ce moment, Lolotte arrive,
elle revient de son travail.
Mister Bonflair se gratte la tête :
– À moins que... Puis il demande :
– Lolotte, pourquoi
tu n'es pas venue à la fête, hier ?
Lolotte devient toute rouge.
– La fête ? dit Lolotte. Mais je n'étais pas invitée !
Bébert s'écrie :
– Ah si, j'ai laissé un mot sur ta porte !
Lolotte ouvre de grands yeux :
– Tu veux dire, ce bout de papier tout mouillé ?
Mister Bonflair lève un doigt vers le ciel :
– La pluie a sûrement effacé
ce qui était écrit sur le papier !

Soudain, des larmes coulent sur les joues de Lolotte.
Elle sort de sa poche le baladeur de Bébert en disant :
– Je voulais juste écouter un peu de musique...
Puis elle éclate en sanglots :
– Parce que, en plus..., hier...
c'était... mon anniversaire !
Il y a un long silence.

Plus personne n'ose parler.
Mais il y en a un qui est très embêté, c'est Dédé.
Il a oublié l'anniversaire de Lolotte.
Il se tord les mains, il ne sait pas quoi faire.
Puis il se décide :
– Bon, eh bien, ce soir, on refait une fête,
chez moi, pour Lolotte ! Et vous êtes tous invités !

Le soir même,
il y a une grande fête chez Dédé.

Quand soudain...

La lumière s'éteint !
De petites flammes dansent dans le noir.
Et un chant bien connu se fait entendre :
Joyeux anniversaire, Lolotte,
Joyeux anniversaire...
Joyeux anniversaire, Lolotte,
Joyeux anniversaire !

Les mots de l'histoire

1. Quand on mène une **enquête**, on cherche à savoir la vérité. Par exemple, après un cambriolage, la police mène une enquête pour rechercher les voleurs.

2. Brailler à **tue-tête**, c'est crier très fort. On dit aussi crier à tue-tête !

3. On **virevolte** quand on tourne sur soi-même très rapidement.

4. **Tâtonner**, c'est avancer doucement en touchant ce qu'il y a autour de soi pour se diriger.

5. Un **interrupteur** est le bouton sur lequel on appuie pour allumer ou éteindre la lumière.

Claire Clément est née à Paris en 1955. Dès l'âge de huit ans, elle commence à écrire des contes qu'elle offre à ses sœurs à Noël ! Rédactrice à la revue *Pomme d'Api*, Claire Clément vit aujourd'hui avec son mari et ses quatre enfants sur une péniche amarrée près de Paris.

Du même auteur dans Bayard Poche :
Une sorcière pas ordinaire - *Le facteur du ciel* - La série *Mister Bonflair* (Les belles histoires)

Nicole Claveloux est née en 1940 à Saint-Étienne. Après des études aux Beaux-Arts, elle se lance dans l'illustration pour la jeunesse. Contes, albums humoristiques et même bande dessinée n'ont plus de secrets pour elle. Ses ouvrages sont publiés aux éditions Casterman, Hachette, Le sourire qui mord, Bayard. Nicole Claveloux a reçu de nombreux prix, dont le prix spécial du jury à Montreuil en 1993.

Du même illustrateur dans Bayard Poche :
Alerte, la maison brûle ! - *Mystère dans la nuit* - *Drôle de surprise pour sorcière Crochue* - La série *Mister Bonflair* (Les belles histoires)
Une sorcière amoureuse (J'aime lire)

Deuxième édition

Dépôt légal : Juin 2003
Loi du 16 juillet 1949 sur les publications destinées à la jeunesse

Achevé d'imprimer en mars 2003 par Oberthur
35 000 RENNES – N° Impression :
Imprimé en France